Spanish

j 796.962
Otten, Jack.
Hockey sobre hielo
New York : Editorial Buenas
Letras, 2003.

En Español

Entrenamiento deportivo

Hockey sobre hielo

Jack Otten

The Rosen Publishing Group's
Editorial Buenas Letras™
New York

Published in 2003 by The Rosen Publishing Group, Inc.
29 East 21st Street, New York, NY 10010

First Edition in Spanish 2003
First Edition in English 2002

Book Design: Sam Jordan

Photo Credits: Cover, pp. 4, 6–21 by Maura Boruchow;
p. 5 © Steve Babineau/AllSport

Thanks to Jaguars Ice Hockey Organization–Squirt B Team

Otten, Jack.
    Hockey sobre hielo / por Jack Otten ; traducción al español: Spanish
Educational Publishing
    p. cm. — (Entrenamiento deportivo)
    Includes bibliographical references (p.) and index.
    ISBN 0-8239-6847-2 (lib. bdg.)
    1. Hockey—Training—Juvenile literature [1 Hockey 3 Spanish
Language Materials.]
    I. Title. II. Series: Otten, Jack. Sports training.

    GV847.25.O88 2001
    796.962—dc21
                                                        2001000596

Manufactured in the United States of America

Contenido

Introducción

Pavel Bure es jugador profesional de hockey sobre hielo.
Es fuerte y rápido en el hielo.
Estos muchachos quieren ser jugadores profesionales.

5

Preparación

Los jugadores usan patines
y pantalones protectores.
Se ponen hombreras, coderas
y espinilleras.

**Patines
de hielo**

También se ponen casco.
Se protegen las manos
con guantes gruesos.

Casco

Guantes

Calentamiento

Para empezar el calentamiento, el entrenador pone a los jóvenes a patinar hacia atrás.

Patinar hacia atrás

Patinar hacia atrás es importante
en el hockey. Para patinar bien
se necesita equilibrio.

El entrenador le muestra
a cada jugador cómo frenar.
Le dice que incline y hunda
los patines en el hielo.

Frenar

Tiros de práctica

El entrenador le enseña
a un jugador cómo darle al disco.
Los jugadores practican
con las rodillas dobladas.
Así tienen más equilibrio.

El entrenador le dice a un jugador
que le dé un cañonazo a un disco.
El jugador alza el bastón
hacia atrás.

Le da duro al disco con el bastón.
Lanza el disco a la portería.

El entrenador pone a los jugadores
a practicar pases.

Los jugadores se paran cara a cara.
Se lanzan el disco el uno al otro.

El portero

El portero tiene guardas
y un bastón más ancho.
Una careta le protege la cara.

Careta

Guardas

Bastón ancho

El entrenador enseña al portero
a parar un disco en la portería.
El portero dobla las rodillas
y apoya el bastón en el hielo.

El jugador lanza el disco
hacia la portería.
El disco avanza rápido.

El portero bloquea el disco
con el bastón.

Los jóvenes juegan un partido.
Los equipos se pasan el disco.
Los jugadores lanzan cañonazos.
El portero los bloquea.

El entrenador les dice
que jugaron bien.
Van a ser un buen equipo.

Glosario

calentamiento (el) ejercicios para calentar
los músculos

cañonazo (el) golpe directo al disco con
el bastón en alto

disco (el) pieza negra de goma dura que
golpean los jugadores

patinar moverse en patines de hielo

portería (la) marco con una red al fondo por
el que debe entrar el disco para marcar
un tanto

portero (el) jugador que defiende la portería
para que no entre el disco

practicar hacer algo muchas veces para
adquirir habilidad

profesional atleta que gana dinero por
su deporte

Recursos

Libros

Kids' Book of Hockey: Skills, Strategies, Equipment, and the Rules of the Game
John Sias
Transition Publishing (1997)

Hockey in Action
Niki Walker
Crabtree Publishing (2000)

Sitios web

Debido a las constantes modificaciones en los sitios de Internet, PowerKids Press ha desarrollado una guía on-line de sitios relacionados al tema de este libro. Nuestro sitio web se actualiza constantemente. Por favor utiliza la siguiente dirección para consultar la lista:

http://www.buenasletraslinks.com/ed/hocksp/

Índice

Número de palabras: 274

Nota para bibliotecarios, maestros y padres de familia

Si leer es un reto, ¡Reading Power en español es la solución! Reading Power es ideal para lectores hispanoparlantes que buscan un nivel de lectura accesible en su propio idioma. Ilustrados con fotografías, estos libros presentan la información de manera atractiva y utilizan un vocabulario sencillo que tiene en cuenta las diferencias lingüísticas entre los lectores hispanos. Relacionando claramente texto con imágenes, los libros de Reading Power dan al lector todo el control. Ahora los lectores cuentan con el poder para obtener la información y la experiencia que necesitan en un ameno formato completamente ¡en español!

Note to Librarians, Teachers, and Parents

If reading is a challenge, Reading Power is a solution! Reading Power is perfect for readers who want high-interest subject matter at an accessible reading level. These fact-filled, photo-illustrated books are designed for readers who want straightforward vocabulary, engaging topics, and a manageable reading experience. With clear picture/text correspondence, leveled Reading Power books put the reader in charge. Now readers have the power to get the information they want and the skills they need in a user-friendly format.